정성을 담아 전하는 즐거운 선물 포장하기

Gift Wrapping

Gift Wrapping • • • • • • • • • •

정성을
담아 전하는

즐거운 선물 포장하기

Gift Wrapping

즐거운 선물 포장하기 *Gift Wrapping*

초판 인쇄일 _ 2008년 11월 18일

초판 발행일 _ 2008년 11월 25일

발행인 _ 박정모

발행처 _ 도서출판 혜지원

주소 _ 서울시 동대문구 장안 1동 420-3호

전화 _ 영업부 02)2212-1227, 2213-1227 편집부 02)2249-7975 팩스 _ 02)2247-1227

홈페이지 _ http://www.hyejiwon.co.kr

지은이 _ 예원, 콴샤오원

기획 _ 이영희, 유신향

교정, 교열 _ 송유선

디자인, 본문편집 _ 지미숙

표지디자인 _ 지미숙

영업마케팅 _ 김남권, 황대일, 고광수, 서지영

ISBN _ 978-89-8379-584-7

정가 _ 7,800원

정성을 담아 전하는

즐거운 선물 포장하기

Gift Wrapping

혜지원

Gift Wrapping

멋진 포장으로 마음을 전해요! 마음을 담은 아름다운 리본 포장

이제 선물은 생활의 일부분이 되었습니다. 생일, 크리스마스, 설날, 추석, 기념일과 같은 특별한 날 부모, 형제자매, 연인, 친구들에게 하는 선물은 서로의 마음을 주고받는 다리가 되었습니다.

고르고 또 골라서 준비한 선물, 하지만 그대로 전해주기엔 뭔가가 부족한 것만 같습니다. 그렇습니다! 당신만의 개성이 부족합니다. 평범한 포장이 아닌 당신만의 특별함을 더하면 어떨까요?

화려한 리본, 심플한 포장지, 가위, 풀, 자르고 접고 붙이고, 인내심을 가지고 시간을 조금만 투자해보세요. 정성이 가득 담긴 아름다운 포장은 당신뿐만 아니라 받는 이에게도 즐거움을 선사할 것입니다.

상자포장은 다음과 같은 특징이 있습니다.

뚜렷한 형태 정육면체, 하트형, 원기둥, 원뿔형 등 상자의 형태는 다양합니다. 하지만 사각포장법과 원기둥 포장법 이 두 가지 기본 포장법에서 벗어나는 일은 없습니다.

색상과 정서 색채는 사람의 정서에 많은 영향을 끼칩니다. 그러므로 포장지의 색상은 선물을 받는 사람의 나이와 성별에 따라 구분합니다. 남성용 선물은 블루 같은 안정된 느낌의 색상을 위주로, 여성용 선물은 화려하거나 우아한 파스텔 색상, 어린이용 선물에는 명랑하고 활발한 분위기의 귀여운 그림이 있는 포장지를 사용합니다.

예술적 요소 정성껏 포장한 선물은 그 자체가 하나의 작품입니다. 리본이나 꽃 등 작은 장식품들을 이용해 예술성을 더 높일 수 있습니다.

주제 선물을 하는 이유는 많습니다. 사랑을 표현하고자 한다면 하트나 장미문양의 포장지에 큐피트의 화살로 장식을 해봅시다. 분명 깊은 사랑이 듬뿍 묻어날 것입니다. 가족에게 주는 선물이라면 온화한 색상으로 소박하면서도 안정적인 느낌을 표현해봅시다.

지식형 포장 선물을 포장할 때는 우선 포장에 쓰이는 재료에 대해 잘 알고 있어야 합니다. 예를 들어 작은 물건을 포장할 때는 무늬가 큰 포장지는 적합하지 않습니다. 반대로 큰 선물을 포장하는데 무늬가 작고 옅은 색의 포장지는 어울리지 않습니다. 부단히 개발되는 포장재료와 기법에 대해 충분한 지식이 있어야만 참신하고 멋진 포장을 할 수 있습니다.

당신의 정성 어린 포장으로 선물상자가 새로운 옷을 입고 화려하게 등장합니다. 선물을 받는 사람의 입가에 번지는 미소, 이것이 바로 당신이 바라던 것이 아닐까요?

정말 즐거운 **선물**상자 포장하기 *Let's go! Do it yourself!*

Gift Wrapping

Contents 차 례

시작하기 전에

이 책에서 소개한 여러 가지 아름다운 포장을 보고 똑같이 해보고 싶은 생각이 들지 않습니까? 또 선물을 받는 사람도 여러분이 전달하고자 하는 마음을 동일하게 느끼게 되길 바라겠지요. 사실 포장은 매우 간단한 일입니다. 정성을 담아 만든다면 받는 사람 또한 당신의 깊은 마음과 정을 느끼게 될 것입니다. 손이 근질근질하지 않나요? 자, 이제 본론으로 들어가기 전에 먼저 워킹업을 해봅시다!

기본 도구

가위, 핑킹가위, 문구용 칼, 스테이플러, 펀치, 테이프, 자, 철사, 필기도구, 글루건, 고체풀, 양면테이프, 스티로폼

기본 재료

포장지 : 채색포장지, 구김지, 한지, 골지, 신문, 일반 색상지

포장지는 가장 기본적인 재료이다. 자신이 좋아하는 색상이나 무늬의 포장지를 한 장만 준비한다면 다른 재료가 없어도 충분히 멋진 포장을 할 수 있다. 처음에는 우선 일반종이포장지로 연습을 하고 익숙해지면 색상지 등 다양한 재질의 포장지를 사용한다. 포장지의 질감, 무늬, 두께 등은 선물의 특성이나 용도, 전하고자 하는 마음에 따라 적절히 사용한다.

포장용 노끈 : 리본, 나일론 끈, 종이끈

포장에는 일반적으로 보통의 리본을 사용한다. 만약 부드러운 재질과 선명한 색상의 리본이 있다면 간단한 구상만으로도 멋진 포장을 할 수 있다. 참신한 아이디어가 돋보이는 포장은 더욱 멋지다.

장식품 : 생화, 드라이플라워, 사탕, 초콜릿, 인형, 작은 완구

새롭고 독특한 장식품으로 포장에 멋을 더한 당신의 선물은 매우 빛날 것이다.

일반 상자

자주 보는 선물상자의 형태로는 직사각형, 정사각형, 원통형, 타원형, 삼각형 등이 있다. 이러한 것들은 모두 규칙에 따라 포장할 수 있다. 하지만 가끔 독특한 형태의 선물상자를 보게 될 것이다. 그런 상자들은 바로 당신의 실력을 발휘할 수 있는 기회를 줄 것이다.

적용 범위

일반 선물, 크리스마스 선물, 캔, 과일, 주류, 꽃바구니, 꽃다발, 화분 포장 등에 적용할 수 있다.

기본 매듭

나비보우 : 이 매듭은 적절한 두께의 리본으로 만든다. 주로 여자아이에게 선물할 때 사용한다.

공작보우 : 화려하고 아름다우며 만들기가 간단해 광범위하게 사용된다.

로즈보우 : 많은 사람들이 좋아하는 장미매듭은 좋아하는 사람에게 선물하기 적당하다.

스타보우 : 가장 보편적이고 실용적인 매듭으로 그 어떤 선물에도 잘 어울린다.

웨이브보우 : 크고 작은 물결이 선물에 곧 살아 움직일 것 같은 생동감을 준다.

폼폰보우 : 풍성한 볼 매듭은 부드러운 느낌을 줄 뿐만 아니라 선물에 무게감을 더해준다.

8자보우 : 8자매듭은 동양적이며 단아한 멋이 있는 매듭으로 특히 중국인들이 이 매듭을 매우 좋아한다고 한다.

프렌치보우 : 중년 여성에게 줄 선물을 장식하기에 적당하다. 우아하면서도 차분하고 화려하다.

내추럴보우 : 이 매듭은 자연스럽고 편안한 느낌을 준다.

※보우란? : 리본으로 여러가지 모양이 만들어진 것을 말합니다. 예를 들어 나비모양을 나비보우, 별 모양을 스타보우라고 부릅니다.

※기본 매듭의 방법은 본사에서 출판된 『사랑의 마음을 담는 예쁜 리본 만들기』를 참고하세요.

5가지 기본 포장법

● 정사각형 상자 ●●●

포장지 크기(cm) : 길이 = 둘레 x 2 　　　폭 = (모서리 길이 + 높이) x 2

포장방법 : 상자를 정사각형 종이의 중간에 두고 아랫부분을 위로 보이게 해서 종이를 가운데로 싼다. 상자의 윗부분과 아랫부분에 있는 포장지는 위로 접고 오른쪽은 왼쪽으로, 왼쪽은 오른쪽으로 접는다. 그리고 양면테이프로 고정시킨다. 좌우 양측에 남은 포장지는 안으로 접어 올리면 된다.

● 직사각형 상자 ●●●

포장지 크기(cm) : 길이= 둘레 + 2 　　　폭 = (상자 길이 + 높이) x 2

포장방법 : 직사각형 상자의 포장방법은 정사각형 포장법과 동일하다.

● 원통형 상자 ●●●

포장지 크기(cm) : 길이 = 원통의 높이 + 바닥면의 직경
　　　　　　　　　폭= 바닥의 둘레

포장방법 : 원통을 포장지 가운데에 눕히고 한 바퀴 싼다. 단단하게 고정시키고 위, 아래 양측에 포장지를 안쪽으로 잘 접는다.

● 타원형 상자 ●●●

포장지 크기(cm) : 길이 = 원둘레 + 2 　　　폭 = (높이 + 반지름) x 2

포장방법 : 상자를 포장지 가운데에 두고 포장지를 위로 둘러싼다. 원주에서 원 중심으로 접고 앞뒤로 2mm 간격으로 접어준다.

● 삼각형 상자 ●●●

포장지 크기(cm) : 길이 = 둘레 + 2 　　　폭 = (밑변 + 높이) x 2

포장방법 : 상자를 정사각형 종이 가운데에 두고 종이의 높이는 상자보다 2cm 더 길게 한다. 포장지를 상자의 위쪽으로 덮어주고 상자의 모서리를 따라 종이를 접어준다. 우측의 아랫부분 종이는 안쪽으로 접는다. 우측이 다 포장이 되었으면 양면테이프로 고정한 후 정리한다. 좌측 두 변에 나와 있는 종이는 안으로 접고 상자의 높이와 같게 접는다. 그리고 남은 부분은 안쪽으로 접어 넣는다.

 주 의 사 항

만약 상자포장을 연습하고 싶다면 우선 사각형부터 시작하자! 사각형 포장은 쉽게 배울 수 있고 종이의 크기를 가늠하는 데도 실수가 적다.

선물무게에 적절한 두께의 포장지와 자신이 원하는 포장방법을 택한다. 예를 들어서 아주 두꺼운 포장지로 작은 선물을 포장하는 것은 어려운 일이다. 또 크고 거친 도안은 큰 포장에 적절하다. 이처럼 선물의 크기와 어울리는 재질과 도안의 포장지를 선택해야 한다. 자신의 포장실력을 향상시키고 싶다면 색감이나 종이, 리본 및 디자인에 대한 적절한 선택이 필요하다.

포장을 마친 후 작은 선물을 포장지 위에 덧붙인다면 어린이에게는 색다른 재미를 가져다 줄 것이며, 어른들에게는 아주 특별한 선물이 될 것이다. 여성에게 줄 만한 작은 선물로는 머리핀, 브로치, 향수, 작은 주방용품이나 향기주머니 등이 있고 남성에게 줄 만한 것으로는 넥타이핀, 스포츠용 손목보호대, 소형 다이어리 등이 있다.

상대방에게 축하하는 메시지나 전하고 싶은 말을 택(tag)이나 막대사탕, 부채, 책갈피, 열쇠고리, 주소록과 같은 곳에 써보자. 자신의 마음을 나타내는 몇 마디의 말이 간단한 서명보다 더 큰 감동을 줄 것이다.

정사각형 상자포장

정사각형 상자포장 ①

| 준비물 : 포장지, 리본, 양면테이프

Step 1 2 3 4 5 6

1. 상자를 포장지 가운데 둔다.
2. 포장지로 상자를 한 번 감아준다.
3. 포장지의 끝이 상자의 변에 딱 맞도록 주의한다.
4. 포장지의 좌우 양끝을 안으로 접고 꾹 눌러 준다. 반대 방향도 같은 방법으로 접어준다.
5. 십자 매듭으로 리본을 만들어준다.
6. 정리 후 완성.

종이의 크기

길이 = 상자 밑면의 둘레 + 2
폭 = 상자의 높이 + 상자의 밑변 길이

주의 : 1. 이 책에서 사용하는 단위는 모두 cm로 통일한다.
　　　 2. 종이의 크기는 예시에 나온 상자를 기준으로 한 것으로 실제 포장 시에는 상황에 맞게 조절한다.

정사각형 상자포장 ②

| 준비물 : 포장지, 리본, 양면테이프

Step **1 2 3 4 5 6**

1. 상자와 필요한 재료를 준비한다.
2. 상자를 적절한 위치에 놓고 상자의 변과 포장지의 끝이 잘 맞도록 접어준다.
3. 포장지로 상자를 한 번 싼 후 상자의 각에 맞게 끝이 나도록 정리하고 양면테이프를 이용해서 붙인다.
4. 상자의 한쪽만 좌우 양끝의 포장지를 안으로 접는다.
5. 접은 부분의 끝을 다시 안쪽으로 접으면서 양면테이프로 고정한다.
6. 포장이 안 된 부분이 위로 오도록 상자를 돌린 후 포장지의 양끝을 납작하게 접어준다.

Step 7 8 9 10

7. 납작하게 정리한 포장지를 상자 쪽에서부터 폭 2cm의
   아코디언 모양으로 접어준다. 이 과정을 반복하면서
   남은 포장지를 다 접는다.
8. 접은 포장지의 양쪽에 양면테이프를 붙인다.
9. 접어둔 포장지를 맞대어 붙이면 부채꼴이 된다.
10. 리본을 묶으면 완성.

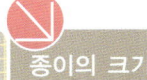

종이의 크기

길이 = 상자 밑면의 둘레 + 밑변 길이
폭 = 상자의 높이 × 2 + 상자 밑변 길이

정사각형 상자포장 ③

준비물 : 포장지, 리본, 작은 장식품, 양면테이프

Step 1 2 3 4 5 6

1. 상자를 포장지의 중앙에 둔다.
2. 포장지의 모서리를 상자의 중심을 향해 접는다.
3. 상자를 조금씩 돌리면서 중심을 향해 포장지를 겹쳐 접는다.
4. 접은 모서리 부분을 깔끔하게 정리한다.
5. 상자의 네 모서리를 모두 돌려 접은 후 가운데 모인 포장지를 잘 정리한다.
6. 잘 묶은 후 장식품을 붙이고 리본으로 마무리한다.

종이의 크기

길이 = 상자 밑면의 둘레 + 2
폭 = 상자의 높이 x 2 + 상자의 밑변길이

정사각형 상자포장 ④

준비물 : 비닐 포장지, 가위, 스팽글 체인, 양면 테이프

Step 1 2 3 4 5 6 7 8

1. 포장에 필요한 모든 재료와 도구를 준비한다.
2. 상자를 포장지의 중간에 평행한 방향으로 두고 포장지의 한쪽을 들어 올린다.
3. 포장지로 상자의 측면을 둘러싸고 상자의 각에 맞추어 양면테이프로 마무리한다.
4. 상자바닥 부분의 포장지 양쪽을 안으로 접고 또 위아래를 접어 양면 테이프로 붙인다.
5. 상자의 변을 따라 양면테이프를 붙인다.
6. 또 다른 포장지를 뒤집어서 상자의 하단 1/4 지점에 붙인다.
7. 포장지를 같은 방법으로 싼다.
8. 상자를 바로 세우고 윗부분의 포장지를 잘 묶어준다.

9. 스팽글 체인으로 장식해준다.
10. 묶은 부분의 포장을 위에서 아래로 폭 2~3㎝씩 잘라준다.
11. 자연스러운 곡선이 나오게 가위로 잘 말아준다.

※이런 비닐 재질의 포장지는 가위나 볼펜 등으로 세게 말면서 잡아당기면 자연스러운 컬이 생긴다.

종이의 크기

길이 = 상자 밑면의 둘레 + 변의 길이
폭 = 상자의 높이 x 2 + 상자의 밑변 길이

Gift Wrapping

직사각형
상자포장

직사각형 상자포장 ①

| 준비물 : 포장지, 리본

Step **1 2 3 4 5 6**

1. 상자의 크기에 맞는 길이와 폭의 포장지를 준비한다.
2. 포장지를 두 번 겹쳐 접고 상자 측면의 1/3 지점까지 덮는다.
3. 포장지의 끝에 양면테이프를 붙여 상자를 포장한다.
4. 상자 윗면의 포장지를 안으로 접어준다.
5. 아랫면의 포장지도 모서리를 따라 접어준다.
6. 양면테이프로 고정하고 준비해둔 리본과 매듭으로 장식하면 완성.

종이의 크기

길이 = 상자 폭 x 3 + 상자두께 x 2
폭 = 상자의 길이 + 상자두께 x 2

직사각형 상자포장 ②

준비물 : 포장지, 리본, 장식품

Step 1 2 3 4 5 6

1. 상자의 크기에 따라 포장지를 잘라 둔다.
2. 상자를 포장지 대각선 중앙에 두고 포장지의 모서리로 상자를 덮는데, 이때 종이의 모서리 부분을 상자의 오른쪽 변 중앙에 맞춘다.
3. 반대쪽의 포장지도 같은 방법으로 접어 상자를 덮고 양면테이드로 고정한다.
4. 포장지를 상자의 각에 맞추어 안쪽으로 접는다.
5. 모서리에 맞춰 양면테이프를 붙인 후 접어올려 상자에 붙인다.
6. 같은 방법으로 나머지 모서리도 상자에 붙인다.

Gift Wrapping

Step 7 8 9 10

7. 리본의 끝에 양면테이프를 붙여 상자 한쪽의 모서리 중간 부분에 붙인다.

8. 리본을 상자에 사선으로 두른다.

9. 사선으로 두른 리본을 뒷면을 돌아 시작점에서 만나게 한다.

10. 양면테이프로 고정하고, 장식을 달아 마무리한다.

종이의 크기

길이 = 상자 밑면의 둘레 + 2

폭 = 상자의 높이 + 상자의 밑변길이 x 2

직사각형 상자포장 ③

| 준비물 : 포장지, 리본, 양면테이프

Step 1 2 3 4 5 6

1. 상자의 크기에 알맞은 정사각형 포장지를 준비한다.
2. 상자를 포장지로 감싼다.
3. 상자의 변에 딱 맞도록 포장지를 정리하고 양면테이프로 붙인다.
4. 그림과 같이 포장지를 안으로 접은 후, 상자 위로 올려 붙인다.
5. 같은 방법으로 다른 쪽도 정리하고 양면테이프로 붙인다.
6. 미리 만들어 놓은 리본으로 상자를 장식한다.

종이의 크기

대각선 = (상자높이 + 길이) x 2

직사각형 상자포장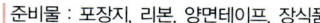

| 준비물 : 포장지, 리본, 양면테이프, 장식품

Step 1 2 3 4 5 6

1. 상자 크기에 맞는 포장지를 준비한다.

2. 포장지로 상자를 덮고 한쪽의 남은 포장지를 삼각형으로 접는다.

3. 접은 삼각형을 상자의 정면에 양면테이프로 붙인다.

4. 상자 옆면의 포장지를 접어준다.

5. 양 끝을 위, 아래로 접고 양면테이프로 붙인다.

6. 리본으로 상자 양끝을 감아서 양면테이프로 정리한다. 그리고 미리 준비해둔 장식을 삼각형 꼭짓점에 고정시킨다.

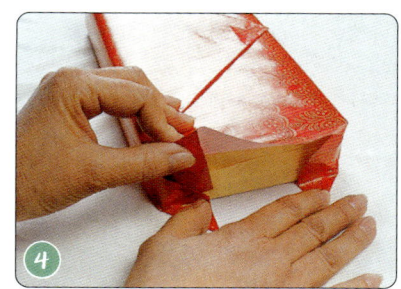

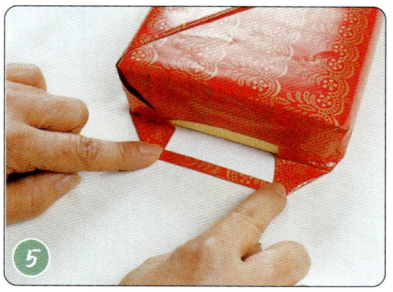

종이의 크기

길이 = (상자 폭 + 두께) x 2
폭 = 상자길이 + 상자두께 x 2

직사각형 상자포장 ⑤

준비물 : 포장지, 리본, 양면테이프

Step 1 2 3 4 5 6

1. 상자를 포장지 위에 올린다.
2. 상자의 크기에 맞게 필요한 만큼 포장지를 자른다.
3. 포장지의 한쪽 모서리를 뒷면이 보이도록 삼각형으로 접는다. 이때 정삼각형으로 접지 않도록 주의한다.
4. 포장지 하단을 10cm 정도 접는다.
5. 접은 포장지를 상자에 맞물리도록 접는데, 이때 상자의 한쪽 측면은 남겨둔다.
6. 포장지로 상자를 다 두른다.

Step 7 8 9 10 11

7. 다 두르고 남은 포장지를 상자의 변에 맞춰 안으로 접어 준다.

8. 양면테이프로 포장지를 붙인다.

9. 측면의 포장지는 잘 정리해서 접어 붙인다.

10. 이때 아까 접은 삼각형의 꼭 짓점이 중앙에 오지 않도록 한다.

11. 미리 준비해둔 장식품을 상자에 고정시킨다.

종이의 크기
길이 = 상자 폭 x 3 + 상자두께 x 2
폭 = 상자 길이 + 상자두께 x 2

직사각형 상자포장

준비물 : 포장지, 리본, 가위, 칼, 양면테이프, 투명테이프

1. 필요한 재료를 모두 준비한다.

2. 상자를 정사각형 포장지와 평행하도록 올린 후 상자의 중앙까지 포장지를 접는다.

3. 포장지의 좌우 양쪽 아래를 접어 상자의 옆면을 덮는다.

4. 상자 양 측면에 있는 포장지는 상자의 각에 맞추어 삼각형 모양이 나오도록 위로 접어준다.

5. 남은 포장지도 위로 접어 올린 후 양면테이프로 고정한다.

6. 측면의 남은 포장지는 안으로 접어준다.

7. 접은 부분의 위아래를 접고 양면테이프로 고정시킨다.

8. 미리 준비해 둔 리본으로 장식을 해주면 완성.

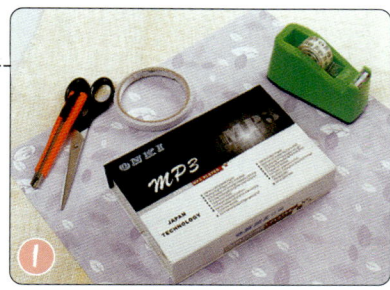

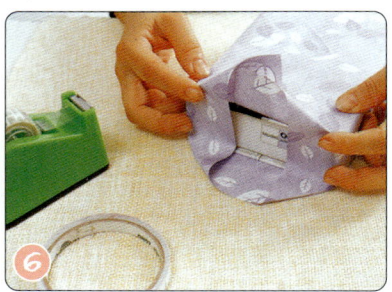

종이의 크기

길이 = 상자 폭 x 3 + 상자두께 x 2 + 5
폭 = 상자길이 x 2

직사각형 상자포장 ⑦

| 준비물 : 포장지, 리본, 가위, 칼, 양면테이프,
　　　　투명테이프

1. 필요한 재료를 모두 준비한다.
2. 포장지의 짧은 쪽을 상자의 긴 쪽에 맞춘 후 상자의 변에 딱 맞도록 붙인다.
3. 포장지로 상자를 완전히 싼 후 모서리와 끝부분을 정리한다.
4. 상자 양 끝의 포장지는 측면의 모서리를 따라 아래로 눌러 평평하게 접는다.
5. 사진과 같이 양 끝을 세 번 겹쳐 접는다.
6. 같은 방법으로 반대쪽도 접는다.
7. 상자의 중앙에 십자리본매듭을 짓는다.

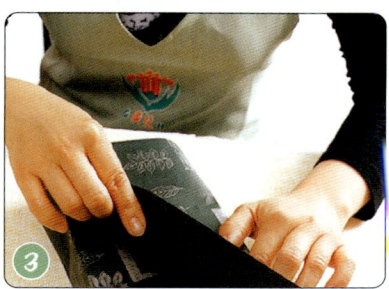

종이의 크기

길이 = 상자 폭 x 3 + 상자두께 x 2 + 5
폭 = 상자 길이 x 2

직사각형 상자포장 ⑧

준비물 : 포장지, 색 골판지, 리본, 가위, 양면
테이프, 투명테이프

Step 1 2 3 4 5 6

1. 필요한 재료를 모두 준비한다.
2. 포장지를 접어 올려서 상자를 모두 덮고 상자의 변과 포장지의 끝부분이 맞물리도록 정리한다.
3. 측면의 포장지도 접어서 깔끔하게 정리한 후 풀로 고정시킨다.
4. 포장할 상자의 2/3쯤 되는 길이의 골지 포장지를 준비한다.
5. 색 골판지로 상자를 둘러주고 양면테이프로 고정한다.
6. 상자의 한쪽에 양면테이프를 붙인다.

Step 7 8 9

7. 양면테이프 위에 리본을 물결 모양으로 접으면서 붙인다.
8. 물결모양이 완성되면 상자의 밑부분으로 두른 후 끝을 양면테이프로 마무리한다.
9. 물결 옆에 미리 만들어둔 별 모양 리본을 고정시킨다.

종이의 크기

길이 = 상자 폭 x 2 + 상자두께 x 2 + 2
폭 = 상자길이 + 상자두께 x 2

Gift Wrapping

삼각형
상자포장

삼각형 상자포장 ①

준비물 : 포장지, 양면테이프, 리본

Step 1 2 3 4 5 6

1. 상자를 포장지의 대각선상에 두고 포장지의 모서리 부분에 양면테이프를 붙인다.
2. 종이의 한쪽을 위로 접어 올려 상자를 덮어 고정시킨다.
3. 상자 한쪽의 위쪽 포장지를 상자의 변을 따라 아래로 접어준다.
4. 아래의 포장지를 상자의 옆면에 맞춰 접어 올리고, 남은 부분은 윗변에 맞도록 안으로 접는다.
5. 양면테이프로 단단히 고정시킨다.
6. 같은 방법으로 나머지 두 변도 고정시킨다. 마지막으로 리본을 이용해 장식하면 완성.

종이의 크기

상자의 밑변을 포장지 대각선상에 두고 양 옆을 접어 올려서 딱 맞는 크기면 된다.

삼각형 상자포장 ②

준비물 : 포장지, 가위, 양면테이프, 투명
테이프

Step 1 2 3 4 5 6

1. 필요한 재료를 모두 준비한다.
2. 상자를 포장지 위에 올려보고 접을 위치를 정한다.
3. 포장지를 일정한 간격으로 세 번 겹쳐 접는다.
4. 주름을 접은 뒷면에 투명테이프로 주름을 고정한다.
5. 포장지에 상자를 올려 상자의 중간에 접은 주름이 오도록 위치를 맞추고 양면테이프로 고정한다.
6. 상자 옆면의 종이를 안쪽으로 접는다.

7. 상자의 옆면에 맞추어 접고 양
   면테이프로 고정한다.

8. 같은 방법으로 다른 쪽도 마무
   리한다.

9. 리본으로 상자를 한 번 감아준
   후 꼭짓점에서 나비보우를 만
   들어준다.

◥ 종이의 크기

길이 =상자 밑면의 둘레 + 2
폭 =상자의 높이 + 상자 밑변길이

Gift Wrapping

삼각형 상자포장 ③

준비물 : 포장지, 리본, 장식용 끈, 가위,
양면테이프

Step 1 2 3 4 5 6 7 8

1. 정사각형의 포장지를 준비한다.

2. 사진처럼 상자와 포장지가 평행한
   위치에 상자를 둔다.

3. 한쪽의 포장지를 위로 올려 상자의
   중간까지 덮고 양면테이프로 고정
   한다.

4. 양쪽의 포장지는 안으로 접어준다.

5. 밑의 포장지를 안쪽으로 비스듬하
   게 접어 삼각형의 모양을 만든다.

6. 끝부분에 양면테이프를 붙인다.

7. 같은 방법으로 나머지 부분을 처리
   하고 상자의 윗면에 삼각형이 겹치
   게 붙인다.

8. 장식용 끈으로 상자를 묶고 중심에
   꽃을 달면 완성.

종이의 크기

길이 = 폭 = 상자밑면 모서리 길이 x 2

삼각형 상자포장 ④

준비물 : 색이나 모양이 다른 포장지 각 1장, 가위, 리본, 양면테이프

Step 1 2 3 4 5 6 7 8

1. 색이 다른 같은 크기의 삼각형포장
   지를 붙여 하나의 커다란 정사각형
   포장지로 만든다.
2. 상자를 포장지의 대각선상에 놓고
   종이의 한쪽을 위로 접어 올려 상
   자를 덮는다.
3. 상자 한쪽의 포장지를 상자의 변을
   따라 아래로 접어준다.
4. 밑의 포장지를 안으로 접어서 옆면
   에 맞는 필요한 양을 표시한다.
5. 남는 부분은 자른다.
6. 종이를 옆면에 맞춰 접어 올린 후
   양면테이프로 고정한다.
7. 같은 방법으로 다른 쪽도 마무리
   한다.
8. 리본을 이용해 장식을 한다.

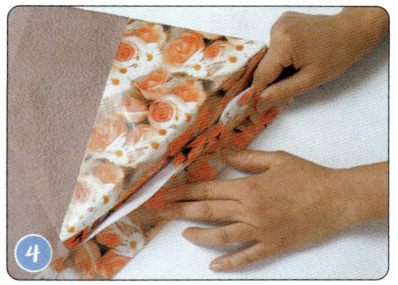
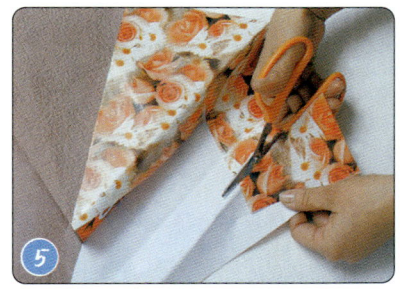

종이의 크기

삼각형 포장지는 직각이등변삼각형으로 직각변
의 길이가 상자변의 길이의 2배여야 한다.

육각형
상자포장

육각형 상자포장 ①

준비물 : 포장지, 리본, 가위, 칼, 털 장식, 양
면테이프, 투명테이프

Step 1 2 3 4 5 6 7

1. 필요한 재료를 준비한다.
2. 상자를 포장지 중간에 세운다.
3. 포장지로 선물을 둘러싸고 양면테
   이프로 고정한다.
4. 포장지를 각에 맞춰 안으로 접고
   접은 면이 상자의 중심으로 가게
   한다. 포장지는 반드시 한 방향으로
   접는다.
5. 접은 주름을 중심에 맞춰 잘 누르
   고 풀로 고정한다.
6. 노란 털을 붙인다.
7. 미리 만들어 둔 폼폰 보우를 상자
   의 가운데에 붙인다.

종이의 크기

길이 = 상자 밑면의 둘레 + 6
폭 = 상자의 높이 + 밑면의 대각선

육각형 상자포장 ②

| 준비물 : 포장지, 리본, 볼펜, 양면테이프,
　　　　투명테이프

Step **1 2 3 4 5 6**

1. 밑면의 모양을 포장지에 그린다.
2. 그린 윗면과 아랫면을 자른다.
3. 양면테이프로 잘라낸 포장지를 상자의 윗면과 아랫면에 붙인다.
4. 포장지를 상자의 둘레보다 2cm정도 길게 자르고 상자의 긴 변에 양면테이프를 붙인다.
5. 포장지로 상자를 둘러싼 후 양면테이프로 고정한다.
6. 리본으로 묶어 주고 매듭을 짓는다.

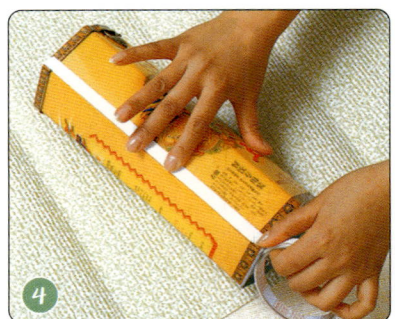

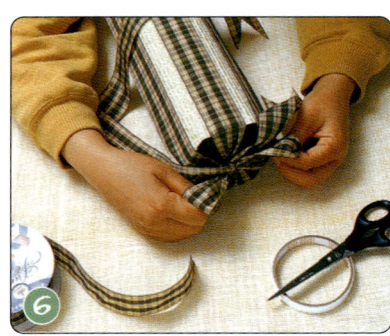

종이의 크기

길이 = 상자 둘레 + 2
폭 = 상자의 높이

육각형 상자포장 ③

준비물 : 부직포 포장지, 가위, 리본

Step 1 2 3 4

1. 필요한 재료와 도구를 준비한다.
2. 상자를 포장지 가운데에 놓고 긴 쪽을 들어 상자의 전면을 완전히 덮는다.
3. 상자 측면의 포장지를 각에 맞춰 양쪽으로 모아 접는다.
4. 상자의 양끝에 모은 포장지는 리본으로 묶어 준다.

부직포 포장지의 크기

길이 = 상자의 직경 x 3
폭 = 상자의 직경 x 2 + 상자의 높이 x 3

불규칙한
상자포장

불규칙한 상자포장 ①

준비물 : 포장지, 리본, 가위, 칼, 양면테이프

Step 1 2 3 4 5 6 7 8

1. 필요한 재료를 준비한다.
2. 상자를 직사각형 포장지의 정중앙에 둔다.
3. 포장지를 선물의 윗면 중심부에 맞춰 완전히 싼 후 양면테이프로 고정한다.
4. 윗부분의 포장지를 아래로 접어 내린다.
5. 양끝의 포장지를 안으로 접고 바닥을 삼각형으로 만든다.
6. 삼각형으로 접은 종이를 중심을 향해 접어 올리고 양면테이프로 고정한다.
7. 같은 방법으로 반대편도 고정한다.
8. 리본으로 묶어 주고 매듭을 짓는다.

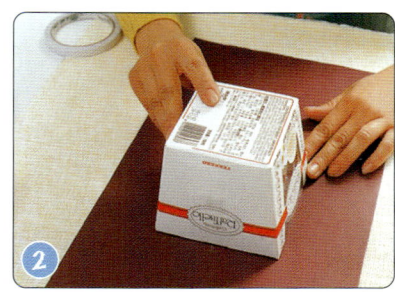

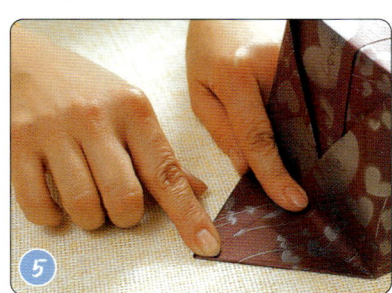

종이의 크기

길이 = (상자의 높이 + 바닥 폭) x 2 + 2
폭 = 상자의 폭 + 상자 높이 + 2

불규칙한 상자포장 ②

| 준비물 : 포장지, 리본, 가위, 양면테이프

Step 1 2 3 4 5 6

1. 필요한 재료와 도구를 준비한다.
2. 상자의 크기에 맞추어 포장지를 자른다.
3. 포장지의 2/3지점을 두 번 연속으로 겹쳐 접는다.
4. 선물상자를 접은 주름 위에 올린다.
5. 포장지로 선물상자를 완전히 싸고 양면테이프로 고정한다.
6. 측면 포장지의 윗부분을 아래로 접는다.

7. 양끝을 안으로 접는다.

8. 아랫부분의 포장지를 위로 접어 올리고 양면 테이프로 고정한다.

9. 미리 준비해둔 리본을 상자에 고정시킨다.

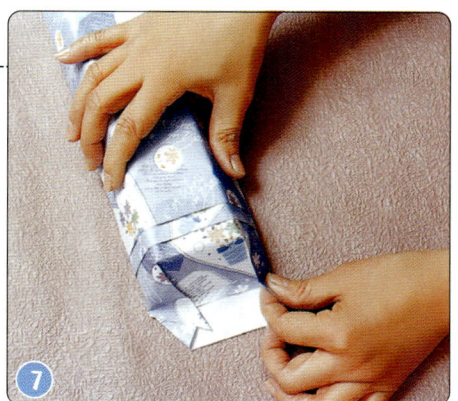

종이의 크기

길이 = 상자의 길이 + 상자의 두께 x 2 + 5

폭 = 상자의 폭 x 2 + 상자의 두께 x 2

불규칙한 상자포장 ③

| 준비물 : 포장지, 리본, 가위, 양면테이프

Step 1 2 3 4 5 6

1. 필요한 재료를 준비한다.
2. 상자의 크기에 맞추어 포장지를 적당히 자르고 상자에 양면테이프를 붙인다.
3. 포장지로 상자를 싼다.
4. 다른 쪽의 포장지를 각에 맞춰 안으로 접어준다.
5. 윗부분의 포장지를 아래로 접어 내린다.
6. 아래쪽의 포장지를 접어 올린 후 양면테이프로 고정한다.

Step 7 8 9 10

7. 다른 쪽도 같은 방법으로 고정 시킨다.

8. 남은 포장지를 삼각형으로 접 는다.

9. 삼각형의 꼭짓점을 다른 긴 변 의 중간지점과 맞춘다.

10. 미리 만들어 놓은 리본으로 상자를 묶어 준다.

 종이의 크기

상자를 포장지 위에 올려놓고 완전히 다 쌀 수 있을 정도면 된다.

불규칙한 상자포장 ④

| 준비물 : 망사 천, 장식용 노끈

Step 1 2 3 4

1. 원추형의 병을 망사 천 중심에 둔다.
2. 망사 천을 병 중심으로 모으고 병뚜껑이 나오도록 싼다.
3. 노끈으로 단단히 묶는다.
4. 둘러싼 노끈을 꽃 모양으로 정리하고 몇 가닥으로 묶어 리본을 맨다.

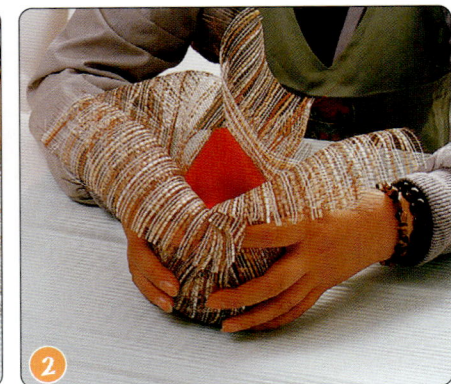

망사 천의 크기

정사각형 망사 천 =
병의 높이 x 2 + 병의 지름

불규칙한 상자포장 ⑤

준비물 : 포장지, 종이끈, 가위, 리본, 양면테이프

Step 1 2 3 4 5 6

1. 필요한 재료를 준비한다.
2. 상자를 포장지와 평행하게 둔다.
3. 포장지의 끝과 상자의 변을 맞춘 후 양면테이프로 고정한다.
4. 포장지를 측면의 중심을 향해 안쪽으로 접어준다.
5. 상자의 각 변을 따라 접는다.
6. 접은 선은 모두 중심으로 향하게 한 후 끈으로 묶으면 완성.

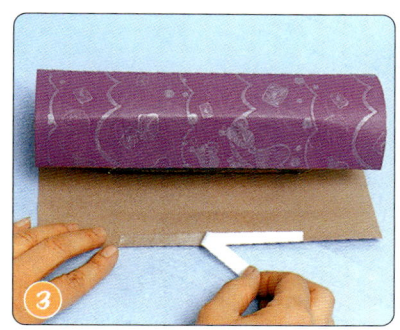

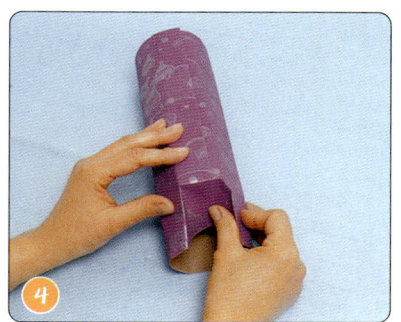

종이의 크기

길이 = 상자의 둘레 + 2
폭 = 상자의 높이 + 밑면의 대각선

하트
상자포장

하트 상자포장 ①

준비물 : 색 골판지, 리본, 가위, 양면
테이프, 볼펜

Step 1 2 3 4 5 6 7 8

1. 필요한 재료와 도구를 준비한다.
2. 상자를 포장지에 대고 그린다.
3. 그린 것을 자르고 같은 것을 한 장
   더 준비한다.
4. 상자측면의 길이를 재고 길이에 맞
   게 골지 포장지를 자른다.
5. 상자 측면에 양면테이프를 붙인다.
6. 잘라낸 골지를 옆면에 붙인다.
7. 마찬가지로 상자의 앞면과 뒷면에
   잘라낸 골지를 붙인다.
8. 미리 준비한 리본을 상자의 위쪽에
   고정시킨다.

종이의 크기

상자의 실제 크기에 맞게 자른다.

하트 상자포장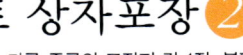

|준비물 : 다른 종류의 포장지 각 1장, 볼펜, 가위, 리본, 양면테이프

Step 1 2 3 4 5 6

1. 필요한 재료와 도구를 준비한다.

2. 우선 상자의 크기에 맞게 하트 모양으로 포장지를 오린다.

3. 상자의 밑면과 옆면을 쌀 정사각형의 다른 포장지를 준비하고 상자에 양면테이프를 붙인다.

4. 상자 윗부분의 가장자리를 따라 양면테이프를 붙여 준다.

5. 상자를 포장지 중심에 두고 포장지를 위로 접어 올린다.

6. 하트 모양을 따라 균일하게 주름을 잡아서 양면테이프 위에 붙인다.

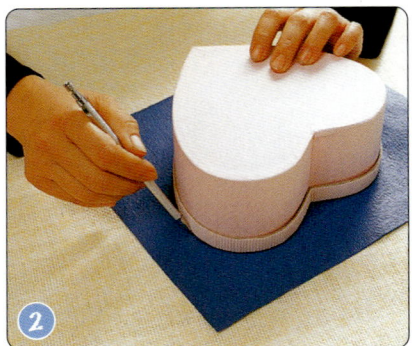

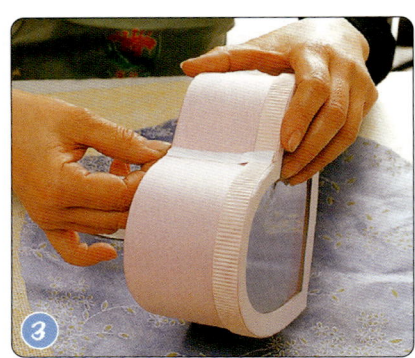

Step 7 8 9

7. 2번에서 미리 잘라둔 하트 모양의 포장지에 양면테이프를 붙인다.

8. 상자의 윗면에 붙인다.

9. 미리 준비한 리본을 붙인다.

종이의 크기

하트형 포장지 = 상자 윗면의 크기
정사각형 포장지 = 상자의 밑면과 측면을 쌀
수 있는 크기면 충분하다.

하트 상자포장 ③

준비물 : 부직포 포장지, 리본, 가위, 양면테이프

Step 1 2 3 4 5 6

1. 필요한 재료와 도구를 준비한다.
2. 하트상자 옆면에 양면테이프를 붙인다.
3. 하트상자를 포장지 중심에 두고 하트의 꼭짓점에서 시작해서 상자의 윗부분으로 접어 올린다.
4. 왼손으로 상자를 꼭 잡고 오른손으로 주름을 만든다.
5. 주름을 접으면서 오른쪽으로 상자를 조금씩 돌린다.
6. 상자 윗면의 중심을 향해 균일하게 주름을 접어준다.

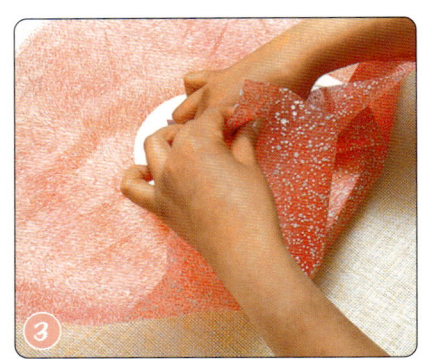

Step 7 8 9

7. 상자의 중심으로 포장지를 모아서 단단하게 묶어 준다.

8. 리본으로 꾸민다.

9. 모양을 잡아주면 완성.

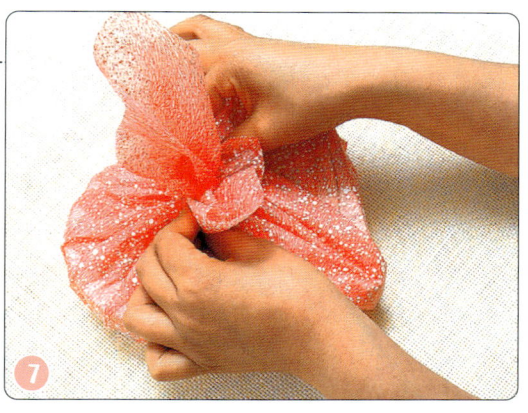

천의 크기

정사각형 포장천의 둘레 = 상자의 둘레 x 2

원형
상자포장

타원형 상자포장

준비물 : 색 골판지, 가위, 칼, 리본,
         양면테이프

Step 1 2 3 4 5 6

1. 재료와 도구를 준비한다.
2. 먼저 상자의 윗면과 아랫면, 둘레에
   맞게 포장지를 자른다.
3. 잘라낸 골지는 양면테이프를 이용
   해 상자의 윗면과 아랫면에 붙인다.
4. 잘라낸 골지로 상자의 옆면을 둘러
   싸고 양면테이프로 고정한다.
5. 포장을 마친 상자의 주위에 리본을
   돌리면서 장식한다.
6. 미리 만들어둔 리본을 상자 윗면에
   붙인다.

종이의 크기
실제 상자 크기에 맞게 자른다.

원통형 상자포장 ①

| 준비물 : 부직포 포장지, 리본, 가위, 양면
테이프

Step 1 2 3 4 5 6

1. 재료와 도구를 준비한다.
2. 상자를 포장지의 1/3지점에 두고 포장지를 상자에 둘러 싼다.
3. 포장지의 끝 부분에 양면테이프를 붙여 상자에 붙인다.
4. 상자 양끝의 포장지를 모아 손으로 잡는다.
5. 길이가 긴 쪽의 포장지를 상자를 따라 짧은 쪽으로 함께 모은다.
6. 균일하게 주름을 잡는다.

Step 7 8 9

7. 모양을 가다듬은 후 꽉 잡아당긴다.

8. 미리 준비해둔 리본으로 고정시킨다.

9. 정리 후 완성.

천의 크기

길이 = 상자의 높이 x 3
높이 = 상자의 둘레 + 5

원통형 상자포장 ②

|준비물 : 포장지, 리본, 가위, 양면테이프,
투명테이프

Step 1 2 3 4 5 6

1. 재료와 도구를 준비한다.
2. 정사각형 포장지를 마름모꼴로 놓
   은 뒤 한쪽의 모서리를 상자의 1/2
   지점에 붙이고 앞으로 돌리며 상자
   를 싼다. 이때 측면에는 균일하게
   부채꼴 주름을 잡아준다.
3. 부채꼴 주름이 상자의 절반 정도
   접혔을 때 남은 포장지를 들어올
   린다.
4. 상자의 밑면을 따라 안으로 접는다.
5. 같은 방법으로 다른 쪽을 고정한다.
   계속 상자를 굴리면서 포장지가 맨
   위쪽까지 나오도록 한 후 양면테이
   프로 고정한다.
6. 리본으로 상자를 고정한다.

종이의 크기

정사각형 포장지의 둘레 = 상자의 높이

Step 1 2 3 4 5 6

1. 직사각형 포장지를 상자에 고정시
   키고 상자를 싼다.
2. 포장지의 양 끝을 양면테이프로 고
   정한다.
3. 한쪽 면의 포장지를 중심으로 모으듯
   이 균등하게 접어서 주름을 만든다.
4. 다른 한 면의 포장지는 모아서 손
   으로 잡는다.
5. 모은 부분을 가위로 이등분한다.
6. 이등분한 포장지를 꽃 모양으로 정
   리하고 리본으로 묶는다.

종이의 크기

길이 = 상자의 둘레 + 2
폭 = 상자의 높이 + 밑면의 지름 + 10

원통형 상자포장 ④

| 준비물 : 포장지, 리본, 가위, 양면테이프

Step 1 2 3 4 5 6 7

1. 재료와 도구를 준비한다.
2. 정사각형 포장지의 한쪽 모서리를 상자의 1/2지점에 붙이고 말아 준다.
3. 상자를 끝까지 말아서 다른 모서리도 양면테이프로 고정한다.
4. 측면의 포장지를 안쪽으로 접어 삼각형을 만든다.
5. 삼각형을 아래에서 위로 말아 올리면서 끝부분을 상자 모서리에 고정시킨다.
6. 같은 방법으로 다른 쪽을 정리한다.
7. 상자에 리본을 붙인다.

종이의 크기
정사각형의 모서리 길이 = 상자높이 x 2

원형 상자포장

준비물 : 포장용 천, 리본, 끈

Step 1 2 3

1. 상자의 크기와 색깔에 맞추어 포장용 천을 선택한다.
2. 상자를 포장용 천의 중심에 두고 위쪽으로 모아준다.
3. 리본으로 단단히 묶고 매듭을 지어주면 완성.

포장용 천의 크기

상자의 실제 크기에 맞게 고른다.

일반
종이가방
만들기

선물용 종이가방 만들기 ①

| 준비물 : 포장지, 예쁜끈, 가위, 펀치, 양면테이프

Step 1 2 3 4 5 6 7 8

1. 필요한 재료를 준비한다.
2. 필요한 종이가방의 크기에 맞게 포장지를 자른다.
3. 포장지의 긴 변을 안으로 5cm 접어서 종이가방의 입구로 삼는다.
4. 짧은 변 쪽에 양면테이프를 붙인다.
5. 두 짧은 변을 양면테이프로 접착하여 원통형을 만든다.
6. 포장지를 누른 후 아랫부분을 위로 5cm 접는다.
7. 접은 곳을 펼쳐서 한쪽을 삼각형으로 만든다.
8. 같은 방법으로 반대편도 접는다.

Step 9 10 11 12 13 14

9. 접은 부분의 위쪽을 안으로 접는다.
10. 같은 방법으로 아래쪽을 위로 접고 두 종이가 만나는 부분을 양면 테이프로 고정한다.
11. 붙인 종이를 반으로 접는다.
12. 양 끝의 주름을 펴고 안쪽으로 오목하게 접는다.
13. 종이가방에 구멍을 뚫는다.
14. 끈을 연결해서 손잡이를 만들면 종이가방 완성.

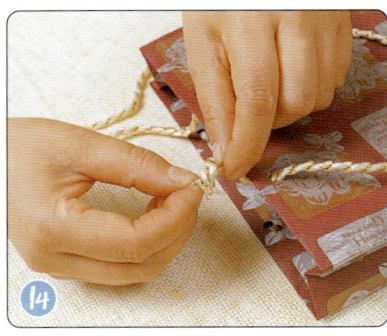

종이의 크기

길이 = (종이가방의 폭 + 종이가방의 두께) x 2 + 4
폭 = (종이가방의 깊이 + 종이가방의 두께) x 2 + 5

선물용 종이가방 만들기 ②

| 준비물 : 약간 두꺼운 포장지, 종이끈, 가위, 펀치, 양면테이프

Step 1 2 3 4 5 6 7
8 9

1. 필요한 재료를 준비한다.
2. 포장지의 긴 모서리를 안쪽으로 5㎝ 접은 후 상자를 돌려 통을 만들어 양면테이프로 고정한다.
3. 접은 종이의 양 끝 부분을 정리하고 안쪽으로 오목하게 접는다.
4. 안쪽으로 접지 않은 부분을 위로 5㎝ 접는다.
5. 열어서 정리하고 양 끝을 안으로 접는다.
6. 위아래 양쪽을 아래위로 접는다.
7. 교차점을 양면테이프로 단단히 고정시킨다.
8. 펀치로 구멍을 낸다.
9. 끈을 연결한다.

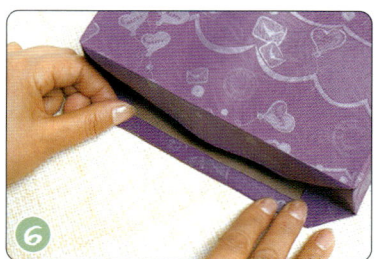

종이의 크기

길이 = (종이가방의 길이 + 종이가방의 두께) x 2 + 2
폭 = (종이가방의 폭 + 종이가방의 길이) x 2 + 5

일반 종이가방 만들기

| 준비물 : 포장지, 리본, 종이끈, 가위, 펀치, 양면테이프

Step 1 2 3 4 5 6

1. 필요한 재료를 준비한다.
2. 포장지의 긴 모서리를 안쪽으로 10cm 접는다.
3. 짧은 쪽의 포장지 양 끝을 중심선을 향해 10cm 접는다. 모서리를 펴서 접으면 삼각형이 된다.
4. 짧은 쪽 포장지를 중앙선을 향해 겹쳐 접는다.
5. 같은 방법으로 반대편도 접어서 양쪽이 겹쳐지게 하고 양면테이프로 고정한다.
6. 다른 한쪽의 포장지를 안쪽으로 5cm 접는다.

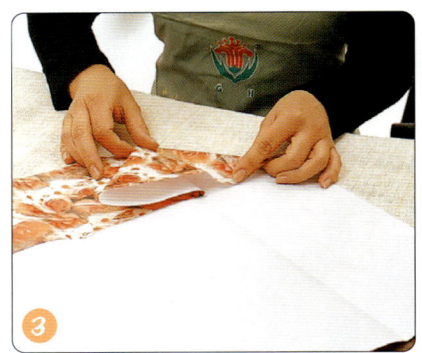

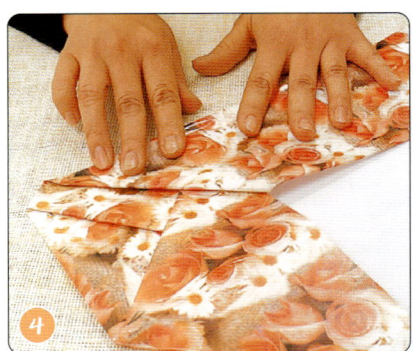

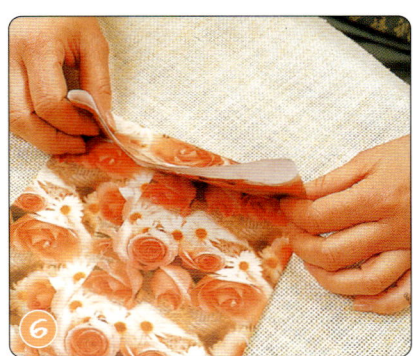

7. 그림과 같이 접은 부분의 양옆을 펼쳐 접어준다.
8. 위아래를 각각 중앙으로 접고 양면 테이프로 고정한다.
9. 상자의 입구 양측에 구멍을 낸다.
10. 포장용 끈으로 연결해주면 완성.

종이의 크기

길이 = 60㎝
폭 = 40㎝

서츠형

종이가방
만들기

셔츠형 종이가방 만들기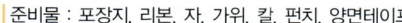

| 준비물 : 포장지, 리본, 자, 가위, 칼, 펀치, 양면테이프

Step 1 2 3 4 5 6 7 8

1. 필요한 재료를 준비한다.
2. 포장지 긴쪽의 한변을 안쪽으로 5㎝ 접고 짧은 변을 맞닿아 원통을 만든 후 붙인다.
3. 포장지의 아랫부분을 펼쳐서 삼각형으로 양 끝을 접는다.
4. 위쪽을 아래로 접는다.
5. 양면테이프로 고정한다.
6. 아랫부분도 같은 방법으로 위로 접고 양면테이프로 고정한다.
7. 종이가방 상단 1/3 지점을 접는다.
8. 모서리를 따라 좌우를 1/3정도 비스듬하게 오린다.

9. 자른 것을 펼친다.
10. 윗부분의 포장지를 세 번 접는다.
11. 접은 종이를 셔츠 깃 모양으로 정리한다.
12. 셔츠 깃 양 옆에 구멍을 낸다.
13. 리본을 맨다.
14. 깃 앞부분에 리본을 매면 편리하고 실용적인 셔츠모양의 종이가방이 만들어진다.

종이의 크기

길이 = 50cm
폭 = 30cm

셔츠형 종이가방 만들기 ②

준비물 : 포장지, 노끈, 자, 가위, 펀치, 양면테이프

Step **1 2 3 4 5 6 7 8**

1. 필요한 재료를 준비한다.
2. 포장지의 긴 변을 안쪽으로 1/4접는다. 다른 쪽은 2cm 접는다.
3. 포장지를 접은 후 2cm 접은 부분의 변을 따라 양면테이프를 붙인 후 봉투 모양으로 만들어준다.
4. 짧은 변의 한쪽을 5cm 접는다.
5. 접은 부분을 펼쳐서 양 끝을 삼각형 모양으로 안으로 접는다.
6. 윗부분의 2.5cm 부분을 안으로 접고 같은 방법으로 아래쪽도 접는다. 그리고 양면테이프로 고정한다.
7. 짧은 변의 다른 한쪽을 8cm 접는다.
8. 접은 부분의 모서리를 따라 비스듬히 자른다.

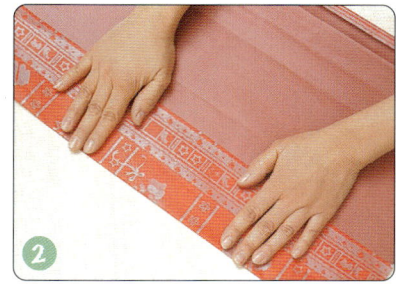

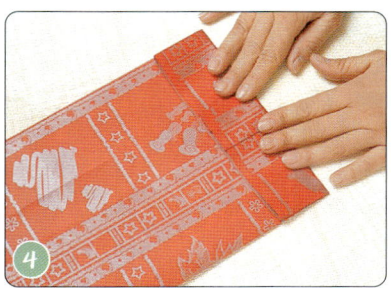

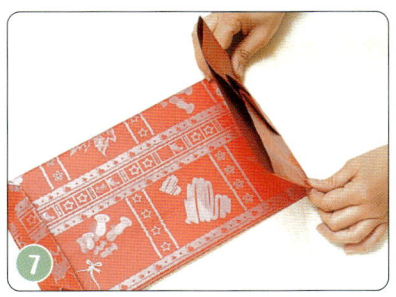

Step 9 10 11 12

9. 펼쳐서 모양을 가다듬는다.

10. 펼친 포장지를 평행하게 세 번 접어 셔츠 깃으로 만든다.

11. 셔츠 깃을 잘 정리하여 양면테이프로 고정한다.

12. 셔츠 깃 양 옆에 구멍을 내고 끈을 연결시킨 후 나비매듭을 묶어 정리한다.

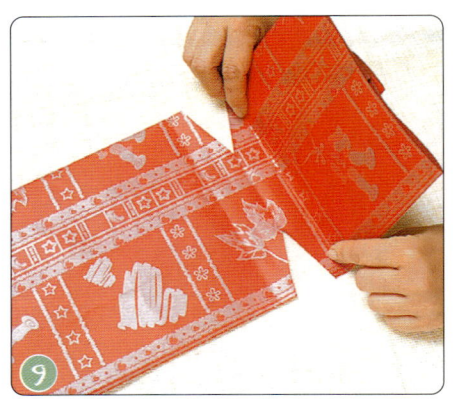 

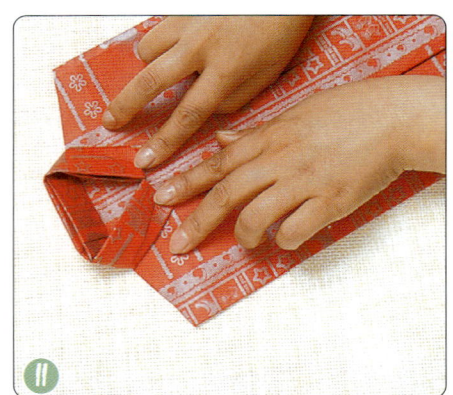 

종이의 크기

길이 = 50cm

폭 = 30cm

│준비물 : 포장지, 리본, 자, 가위, 양면테이프

Step 1 2 3 4 5 6 7 8

1. 필요한 재료를 준비한다.
2. 포장지의 짧은 부분을 5cm 안으로 접는다.
3. 긴 변을 중심선에 맞춰 안으로 접는다.
4. 반대편도 중심선까지 접는다. 이 때 두 선은 겹치면 안 된다.
5. 종이를 접어 접는 선을 만든다.
6. 2번에서 접은 부분을 접은 선에 맞추어 펼친다. 이때 양측은 소매가 되므로 반드시 대칭이어야 한다.
7. 포장지를 앞쪽으로 뒤집어 반대쪽을 2cm 접는다.
8. 다시 뒤집은 후 양 끝을 비스듬하게 접어 셔츠 깃을 만든다.

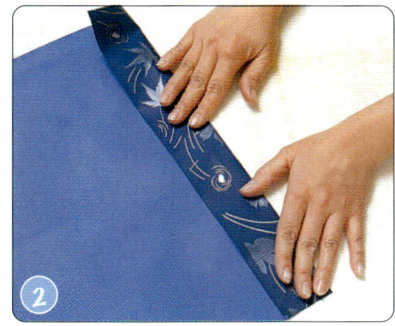

Step 9 10 11

9. 소매 부분을 위로 접어 올려 깃 아래로 집어넣는다.
10. 정리한 후 양면테이프로 붙여 준다.
11. 셔츠 깃을 따라 리본을 묶어 준다.

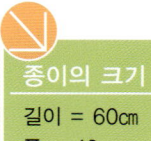

종이의 크기
길이 = 60cm
폭 = 40cm

삼각형
종이 가방
만들기

삼각형 종이가방 만들기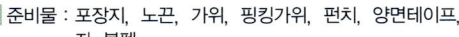

준비물 : 포장지, 노끈, 가위, 핑킹가위, 펀치, 양면테이프,
자, 볼펜

Step 1 2 3 4 5 6 7 8

1. 필요한 재료와 도구를 준비한다.
2. 포장지를 반으로 접어 이등변삼각형 모양으로 자른다.
3. 삼각형의 윗부분을 아래로 내려 접어 입구를 만든다.
4. 폭이 5cm인 포장용 띠를 두 장 자른다.
5. 자른 띠는 양면테이프로 봉투 입구에 붙여서 장식한다.
6. 종이를 펴서 상자의 바닥이 될 부분의 모서리를 각각 안으로 8cm 접는다.
7. 종이가방의 각 변을 안쪽으로 3cm씩 접어서 각을 만든다.
8. 양면테이프로 양쪽을 고정한다.

9. 볼펜으로 아래로 나와 있는 삼각형의 끝부분을 말아 올린다.

10. 단단히 말아 올리면 자연스러운 곡선이 생긴다.

11. 입구에 펀치로 구멍을 낸다.

12. 끈을 연결시켜 손잡이를 만든다.

 종이의 크기

정사각형 포장지의 한 변의 길이 = 50cm

삼각형 종이가방 만들기 ❷

Step 1 2 3 4 5 6

1. 필요한 재료와 도구를 준비한다. 2. 삼각형 종이가방의 크기에 맞게 정사각형 포장지를 자른다.
3. 포장지의 테두리에 붙일 부직포를 물결무늬로 자른다.
4. 포장지에 양면테이프를 붙인다. 5. 잘라놓은 부직포를 양면테이프로 붙인다.
6. 부직포를 붙이지 않은 모서리를 중심을 향해 10㎝ 접어준다.

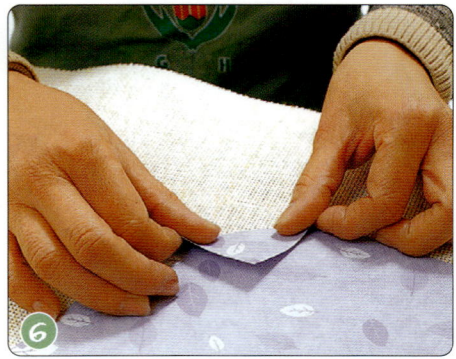

7. 측면을 중심에 맞춰 접는다.
8. 반대쪽도 중심선을 향해 겹쳐서 접은 후 양면테이프로 고정한다.
9. 상자 입구에 구멍을 뚫는다.
10. 리본을 통과시켜 손잡이를 만든다.
11. 리본을 매어 준다.

종이의 크기

정사각형 포장지의 길이 = 40㎝

컵 포장

컵 포장 ①

준비물 : 포장지, 가위,
양면테이프, 투명테이프

Step 1 2 3 4 5 6 7 8

1. 필요한 도구와 재료를 준비한다.
2. 선물용 컵을 정사각형 포장지 중앙에 눕히고 포장지의 한 끝을 들어 컵을 싼다.
3. 포장지로 컵의 아랫면에 일정한 주름을 만들며 접는다.
4. 같은 방법으로 윗부분을 정리한다.
5. 양면테이프로 고정한다.
6. 길이가 컵의 둘레보다 5cm 길고 폭이 컵 높이의 1.5배인 무늬포장지를 준비한다. 그리고 양 끝을 안쪽으로 접어 컵의 높이와 맞춘다.
7. 컵을 직사각형 포장지에 두고 말아준다.
8. 포장지를 다 싸고 끝부분을 양면테이프로 고정한다.

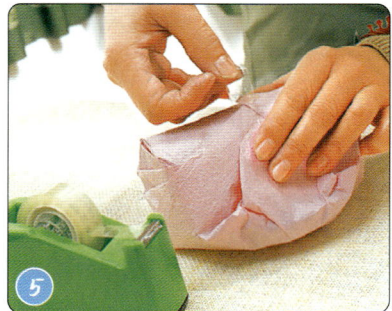

컵 포장 ②

준비물 : 포장지, 종이끈,
철사, 가위

Step 1 2 3 4 5 6

1. 필요한 도구와 재료를 준비한다.
2. 직사각형 포장지의 긴 쪽을 안으로 2㎝ 접어준다.
3. 선물용 컵을 접은 부분의 중앙에 둔다.
4. 포장지의 한 쪽을 들어서 컵의 입구를 덮는다.
5. 왼손으로 포장지와 컵 입구를 고정시킨다.
6. 오른손으로 포장지를 위쪽으로 당기면서 균일한 주름을 잡아준다.

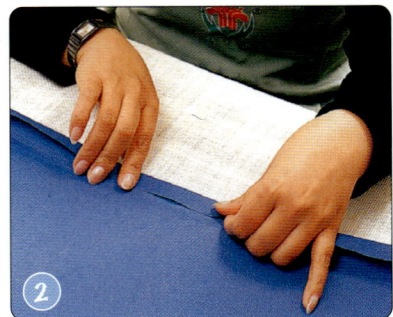

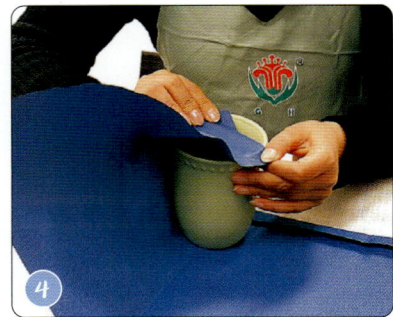

Step 7 8 9 10

7. 포장지를 컵 입구에서 모은 후 철 사로 고정한다.
8. 모양을 잡아준다.
9. 종이리본으로 묶어준다.
10. 꽃 모양으로 정리한다.

종이의 크기

길이 = 컵의 높이 x 3 + 컵 입구의 지름
폭 = 컵 입구의 둘레 x 2

목욕용품
포장

목욕용품 포장 ①

| 준비물 : 포장지, 리본, 가위

Step 1 2 3 4 5 6

1. 필요한 도구와 재료를 준비한다.
2. 제품을 포장지에 올리고 포장지를 들어서 감싼다.
3. 제품뚜껑의 포장지는 안쪽으로 접는다.
4. 포장지를 튜브 쪽을 향해서 덮어준다.
5. 덮은 부분의 포장지를 균일하게 접어서 부채꼴 모양의 주름을 만든다.
6. 예쁜 리본으로 묶어주면 완성.

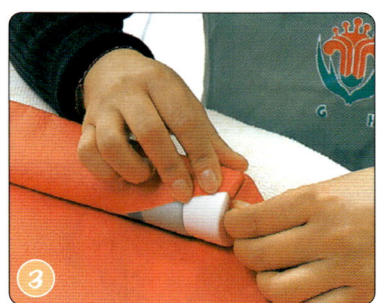

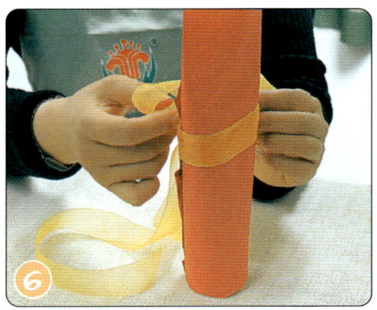

종이의 크기

길이 = 튜브의 높이 x 2 + 5
폭 = 병뚜껑의 둘레 x 2

목욕용품 포장 ②

| 준비물 : 포장지, 가위, 리본, 양면테이프

Step 1 2 3 4 5 6

1. 필요한 도구와 재료를 준비한다.
2. 포장지의 한쪽에 양면테이프를 붙인다.
3. 목욕용품을 감싸면서 원통형으로 만든다.
4. 통 밑부분의 포장지를 아래로 접는다.
5. 그림과 같이 양옆의 종이는 안으로 접고 밑의 종이를 위로 접어 양면테이프로 고정한다.
6. 병 입구 부분에 겹쳐진 포장지 중 바깥 종이는 밖으로 뒤집고 남은 부분은 가위로 자른다.

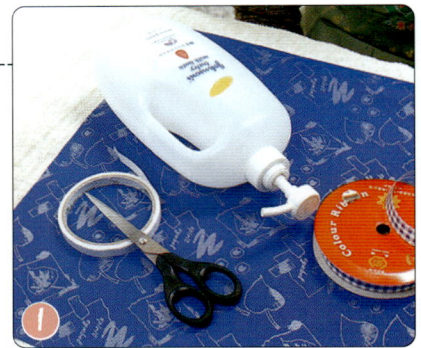

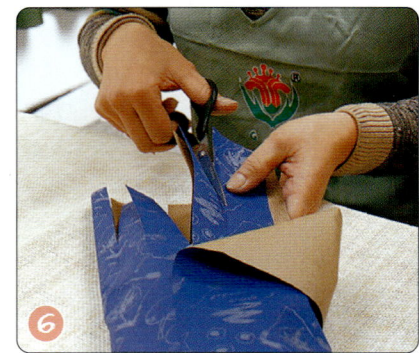

Step 7 8 9

7. 이때 폭은 2cm ∼ 3cm 정도로 한다.

8. 리본으로 잘 묶어 준다.

9. 자른 띠를 연필로 말아주면 자연스러운 곡선이 생긴다.

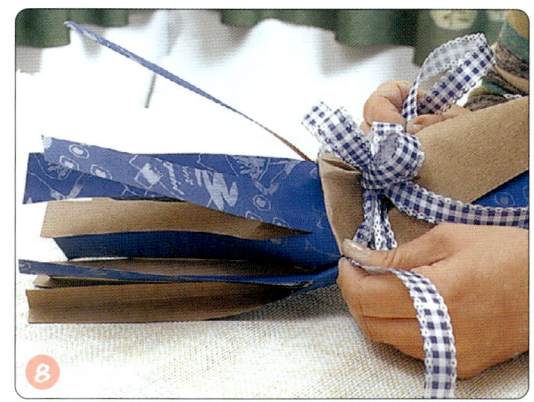

종이의 크기
길이 = 병의 높이 x 2 + 병 바닥의 지름
폭 = 병 몸체의 둘레 + 5

병 포장

병 포장 ①

준비물 : 포장지, 철사, 리본, 노끈, 가위, 양면테이프

Step 1 2 3 4 5 6

1. 필요한 재료와 도구를 준비한다.
2. 직사각형 포장지의 한쪽을 잡고 병을 비스듬히 말아준다.
3. 병을 앞으로 돌리면서 포장지 바닥 부분을 안쪽을 향해 접어서 부채꼴로 만든다.
4. 술병을 한 바퀴 돌린 후 남은 포장지는 밑변을 따라 안으로 접는다.
5. 누르면서 포장지를 끝까지 말아 올리고 양면테이프로 고정한다.
6. 병 입구에 리본을 매달아 주면 완성.

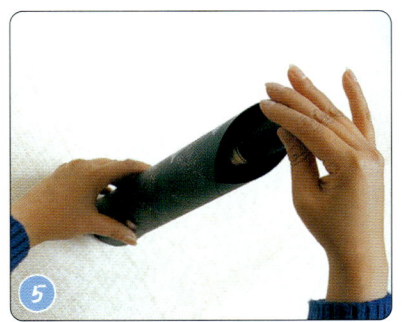

종이의 크기

직사각형 종이의 길이 : 폭 = 2 : 1
폭 = 병의 높이

병 포장 ②

준비물 : 부직포 포장지, 노끈, 리본, 가위

Step 1 2 3 4 5 6 7

1. 필요한 재료와 도구를 준비한다.
2. 정사각형의 부직포를 책상의 위에 펼친다.
3. 그 위에 다른 색상의 부직포를 어긋나게 겹쳐 올린다.
4. 병을 포장지의 중심에 놓고 포장지를 위로 끌어 올린다.
5. 병을 조금씩 돌리면서 균일하게 주름을 잡는다.
6. 전체 포장지를 한 손에 모아서 끈으로 단단하게 묶어 준다.
7. 정리 후 예쁜 리본을 묶어주면 완성.

종이의 크기

직사각형 종이의 길이 = 병의 높이 x 2 + 10

병 포장 ③

준비물 : 부직포 포장지, 리본, 가위, 노끈, 망사천

Step 1 2 3 4 5 6 7 8 9

1. 필요한 재료와 도구를 준비한다.
2. 병을 정사각형 포장지 중심에 둔다.
3. 왼손으로 포장지를 병의 목 부분까지 당겨 올린다.
4. 음료수 병을 조금씩 당겨 올리면서 병 목에 균일한 주름을 잡는다.
5. 입구를 포장용 끈으로 묶어 준다.
6. 묶은 포장지를 아래로 접어내려 한 번 더 묶는다.
7. 리본 모양으로 묶어서 정리한다.
8. 잘라놓은 망사로 외부를 싼다.
9. 리본을 묶어주면 완성.

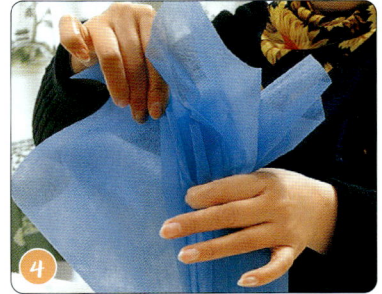

병 포장 ④

준비물 : 부직포 포장지, 가위, 리본

Step 1 2 3 4 5 6 7 8

1. 필요한 재료와 도구를 준비한다.
2. 포장지가 뚜껑을 제외한 병의 높이
   만큼 올라오도록 병을 정사각형 포
   장지의 구석에 놓는다.
3. 포장지를 위로 접어 올린다.
4. 병의 목 아래 부분을 잡으면서 포
   장지를 접는다.
5. 병을 돌리면서 균일한 주름을 잡아
   준다. 이때 병뚜껑이 보이도록 한다.
6. 포장지를 한 손으로 잡는다.
7. 리본으로 단단히 묶어 준다.
8. 예쁜 리본을 묶어주면 완성.

종이의 크기

정사각형 포장지의 길이 =
병의 높이 x 2 + 병 바닥의 지름

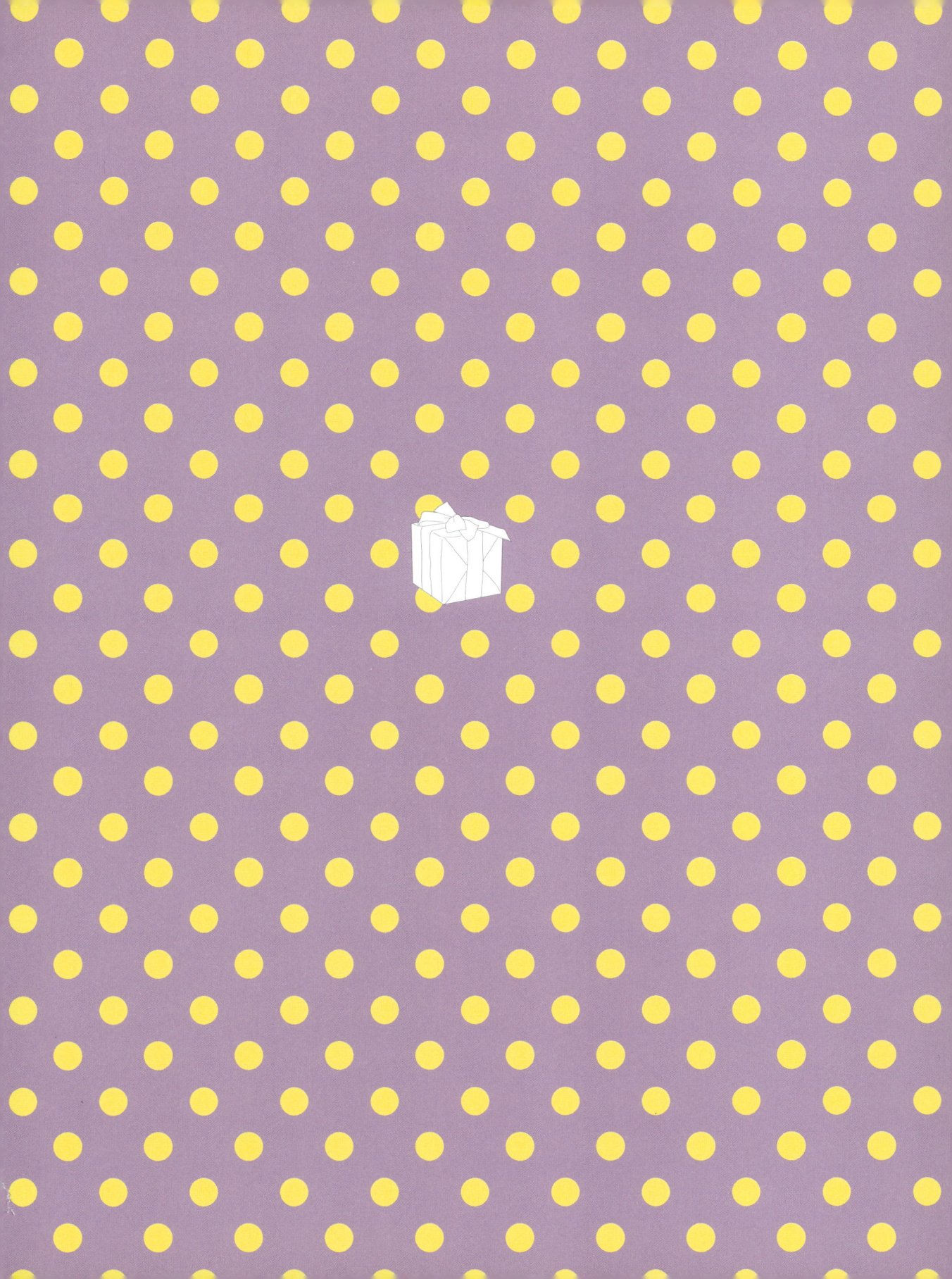

정성을 담아 전하는 즐거운 선물 포장하기